A2.2
词汇手册
Vokabeltaschenbuch

快乐德语 ＋「第二版」
prima plus | Deutsch für Jugendliche

黄惠芳 编

U0129866

上海外语教育出版社
SHANGHAI FOREIGN LANGUAGE EDUCATION PRESS

图书在版编目（CIP）数据

快乐德语. A2. 2. 词汇手册 / 黄惠芳编. -- 上海：上海外语教育出版社, 2022

ISBN 978-7-5446-7132-3

Ⅰ. ①快… Ⅱ. ①黄… Ⅲ. ①德语—词汇—教学参考资料 Ⅳ. ①H33

中国版本图书馆CIP数据核字(2022)第020261号

出版发行：**上海外语教育出版社**

（上海外国语大学内） 邮编：**200083**

电　　话：**021-65425300 (总机)**

电子邮箱：bookinfo@sflep.com.cn

网　　址：http://www.sflep.com.

责任编辑：**王乐飞**

印　　刷：**上海市崇明县裕安印刷厂**

开　　本：**890×1240　1/16　印张 1.75　字数 57 千字**

版　　次：**2022 年 8 月第 2 版　　2022 年 8 月第 1 次印刷**

书　　号：**ISBN 978-7-5446-7132-3**

定　　价：**18.00 元**

本版图书如有印装质量问题，可向本社调换

质量服务热线：**4008-213-263**　电子邮箱：**editorial@sflep.com**

Seite 5

8 Fitness und Sport

Seite 6

1 Sportarten: Wortschatz systematisch lernen

die Fitness (nur Sg.)	身体／竞技状态良好	
die Sportart, die Sportarten	体育项目	Welches Verb passt zu welcher Sportart?
turnen, turnt, geturnt	做（体）操	Ich turne gern.
der Schiedsrichter, die Schiedsrichter	裁判员	
der Hockeyplatz, die Hockeyplätze	曲棍球场	
der Siebenmeter, die Siebenmeter	罚七米球	
der Schläger, die Schläger	球棍，球拍	
der Spieler, die Spieler	运动员；参赛选手	
die Spielerin, die Spielerinnen	女运动员	
die Halle, die Hallen	大厅	in der Halle – auf dem Sportplatz
der Sportplatz, die Sportplätze	体育场，运动场	
die Mannschaft, die Mannschaften	队；球队	Man spielt in der Mannschaft.

am liebsten	最喜欢的	Welchen Sport machst du in der Schule am liebsten?
der Sportfanatiker, die Sportfanatiker	酷爱体育运动的人	Bist du ein Sportfanatiker?
der Sportmuffel, die Sportmuffel	讨厌体育的人	Bist du ein Sportmuffel?
der Sofasportler, die Sofasportler	整天坐在沙发上的人	Bist du ein Sportfanatiker, Sportmuffel oder Sofasportler?

Seite 7

3 Die Bundesjugendspiele: schnell – schneller – am schnellsten

die Bundesjugendspiele (nur Pl.)	联邦青年运动会	Jedes Jahr finden in Deutschland an allen Schulen Bundesjugendspiele statt.
die Leichtathletik (nur Sg.)	田径运动	Die meisten Schulen machen Leichtathletik auf dem Sportplatz (Laufen, Weitsprung, Werfen ...).
der Weitsprung, die Weitsprünge	跳远	
das Laufen	跑步	
das Werfen	掷球	
die Urkunde, die Urkunden	证书	Alle Schüler bekommen am Ende eine Urkunde.
der Teilnehmer, die Teilnehmer	参加者；参与者	
die Teilnehmerurkunde, die Teilnehmerurkunden	参与证书	Die Teilnehmerurkunde bekommt jeder.

die Siegerurkunde, die Siegerurkunden	获奖证书；优胜证书	Für die Siegerurkunde muss man eine besondere Punktzahl erreichen.
die Punktzahl, die Punktzahlen	得分数，总分	
erreichen, erreicht, erreicht	达到	
die Ehrenurkunde, die Ehrenurkunden	荣誉证书	Die Ehrenurkunde ist für die sehr guten Sportler und Sportlerinnen.
der Sportler, die Sportler	运动员	
die Sportlerin, die Sportlerinnen	女运动员	
erfolgreich	成绩显著的；成功的	Die Siegerurkunde ist für erfolgreiche Teilnahme.
die Teilnahme (nur Sg.)	参加，参与	
springen, springt, ist gesprungen	跳	Frauke springt weiter als Lennart.
am langsamsten	最慢地	Frauke läuft von den Mädchen am langsamsten.
werfen, wirft, geworfen	扔，掷	Lennart wirft am weitesten in der Klasse.
am weitesten	最远地	
am schnellsten	最快地	Anke-Sophie läuft am schnellsten.
besser als ...	比……好	Anke-Sophie tanzt besser als Lennart.
am höchsten	最高地	Er springt am höchsten.
rechnen, rechnet, gerechnet	计算	schnell rechnen
zeichnen, zeichnet, gezeichnet	画	schön zeichnen
auswendig lernen	背出，记熟	gut auswendig lernen
am besten	最好地	Wer kann am besten kochen?

5 Wo bleibst du denn?

Na endlich!	终于来了！总算好啦！ （表示久待的焦急心情）	
Ups!	喔唷！	
Auweia!	哎哟！	
Entschuldige!	对不起！	
das Judotraining, die Judotrainings	柔道训练	Wir haben heute länger Judotraining. Sorry!
Sorry!	对不起！	

6 Sprechen üben: Vorwürfe und Entschuldigungen

die Verspätung, die Verspätungen	误点；迟到	Mein Bus hatte 15 Minuten Verspätung.
nicht richtig gehen	走得不准	Meine Uhr geht nicht richtig.
der Schlüssel, die Schlüssel	钥匙	Ich konnte meinen Schlüssel nicht finden.

7 Der Sportunfall

der Sportunfall, die Sportunfälle	体育事故	
der Unfall, die Unfälle	事故	Wo ist der Unfall passiert?
die Klinik, die Kliniken	诊所，医院	Mario musste einen Monat in der Klinik bleiben.
der Schmerz, die Schmerzen	疼痛	Jetzt hat Mario keine Schmerzen mehr.
das Pech (nur Sg.)	倒霉	So ein Pech!
weiterspielen, spielt weiter, weitergespielt	继续踢球	Durfte er weiterspielen?

foulen, foult, gefoult	犯规	Mario gefoult: Arm gebrochen!
gebrochen sein	折断的	Der Arm ist gebrochen.
stürzen, stürzt, ist gestürzt	跌倒	Ich bin gestürzt.
das Knie, die Knie	膝盖	Mein Knie war verletzt.
verletzt sein	受伤的	
das Ergebnis, die Ergebnisse	结果	
das Kopfweh (nur Sg.)	头痛	Ich hatte Kopfweh.
das Krankenhaus, die Krankenhäuser	医院	Er musste ins Krankenhaus gehen.
der Gips (nur Sg.)	石膏	einen Gips tragen
weiterfahren, fährt weiter ist weitergefahren	继续骑车	Ich hatte Schmerzen und konnte nicht weiterfahren.

Seite 10

8 Rekorde

die Jugendnationalmannschaft, die Jugendnationalmannschaften	青年组国家队	2007 war er schon in der Jugendnationalmannschaft.
die Meisterschaft, die Meisterschaften	冠军	Götze hat mit seiner Mannschaft die Meisterschaft gewonnen.
die Nationalmannschaft, die Nationalmannschaften	国家队	2010 hat er zum ersten Mal in der Nationalmannschaft gespielt.
der Nationalspieler, die Nationalspieler	国家选手	Er war der jüngste Nationalspieler im deutschen Team seit 66 Jahren.
die Fußballlegende, die Fußballlegenden	足球传奇	Nur Uwe Seeler, die Fußballlegende, war bei seinem ersten Einsatz 1954 ein paar Tage jünger.

der Einsatz, die Einsätze	参加，投入	
wechseln, wechselt, gewechselt	转投	2013 ist er für 37 Mio. Euro zum FC Bayern München gewechselt.
das Endspiel, die Endspiele	决赛	Beim Endspiel der WM 2014 hat er 1:0 geschossen.
die Weltmeisterschaft, die Weltmeisterschaften (WM)	世界冠军；世界锦标赛	
schießen, schießt, geschossen	射（门）	
die Schanze, die Schanzen	滑雪的跳台	Sie ist eine Schanze hinuntergefahren.
hinunterfahren, fährt hinunter, ist hinuntergefahren	向下行驶，乘车下去	
die Luft (nur Sg.)	空气；气流	Sie ist dann viele Meter durch die Luft geflogen.
durch die Luft fliegen	飞过空中	
bekannt	著名的	Ihr Vater war ein bekannter Skispringer.
der Skispringer, die Skispringer	跳台滑雪运动员	
die Langläuferin, die Langläuferinnen	女长跑运动员	Ihre Mutter war Langläuferin.
der Skisprung-Weltcup, die Skisprung-Weltcups	跳台滑雪世界杯	Bei ihrem ersten Einsatz in einem Skisprung-Weltcup hat sie sofort den 2. Platz geholt.
den 2. Platz holen	获得第二名	
Norwegen	挪威	Das war 2013 in Norwegen.
die Riesenüberraschung, die Riesenüberraschungen	大惊喜	Eine Riesenüberraschung und gleichzeitig die Qualifikation für die Olympischen Spiele in Sotschi 2014.

die Qualifikation, die Qualifikationen	资格	
die Olympischen Spiele (nur Pl.)	奥林匹克运动会	
Sotschi	索契（俄罗斯）	
der Sprung, die Sprünge	跳跃	Ihr weitester Sprung bis jetzt war 112 Meter.
Kartrennen	卡丁车赛车	Sebastian Vettel ist schon als kleines Kind erfolgreich Kartrennen gefahren.
der Formelsport	方程式赛车	Mit 16 Jahren ist er in den Formelsport eingestiegen.
einsteigen, steigt ein, ist eingestiegen	参与	
der Sieg, die Siege	获胜；胜利	Er hat mit 18 Siegen in 20 Saisonläufen einen Rekord aufgestellt.
der Saisonlauf, die Saisonläufe	（赛季中的）分站赛	
einen Rekord aufstellen	创造纪录	
der Weltmeister, die Weltmeister	世界冠军	Er war der jüngste Weltmeister.
der Rennfahrer, die Rennfahrer	赛车运动员	Er ist mit Michael Schumacher der bekannteste deutsche Rennfahrer.
hintereinander	连续地	2011, 2012 und 2013 war er vier mal hineinander Weltmeister.
der Titel, die Titel	头衔	Er hat also den Titel viermal nacheinander gewonnen.
nacheinander	先后；一个接一个	

die Karriere, die Karrieren	职业生涯	In seiner Karriere hat Sebastian Vettel vier Rekorde aufgestellt.
der Grand-Prix-Sieg, die Grand-Prix-Siege	大奖赛胜利	2013 hatte er die meisten Grand-Prix-Siege.
die Siegesserie, die Siegesserien	连胜	Er hatte die längste Siegesserie in der Saison.
die Saison, die Saisons	赛季	
Ferrari	法拉利（意大利汽车品牌）	Seit 2015 fährt er für Ferrari.
das Rennfahren (nur Sg.)	赛车	Wann hat Sebastian Vettel mit dem Rennfahren angefangen?

Seite 11

9 Gehirnjogging — der etwas andere Sport

das Gehirnjogging (nur Sg.)	大脑活动	
das Gedächtnis, die Gedächtnisse	记性，记忆力	
die Gedächtnisweltmeisterschaft, die Gedächtnisweltmeisterschaften	记忆力冠军赛	Mit 10 Jahren hat er die Gedächtnisweltmeisterschaft in seiner Altersklasse gewonnen.
die Altersklasse, die Altersklassen	年龄层／段	
die Reihenfolge, die Reihenfolgen	顺序	In nur 30 Minuten hat er die Reihenfolge von 513 Nullen und Einsen auswendig gelernt.
die Null, die Nullen	零	
die Eins, die Einsen	（数字）一	

die Route, die Routen	路线	Die einzelnen Bilder sind eine Route.
die Lieblingssportart, die Lieblingssportarten	最喜欢的体育项目	Präsentiere deine Lieblingssportart.

Seite 13

9 Unsere Feste

Seite 14

1 Ein Volksfest

der Eingang, die Eingänge	收件；收到	
der Entwurf, die Entwürfe	草稿；构思	
München	慕尼黑	Wir sind in München auf dem Oktoberfest.
das Oktoberfest, die Oktoberfeste	十月节（慕尼黑啤酒节）	
supertoll	超级棒	Das ist supertoll.
dabei	在场	Schade, du bist nicht dabei.
das Volksfest, die Volksfeste	民间节日	Das Fest ist das größte Volksfest der Welt.
die Achterbahn (nur Sg.)	过山车	Die Achterbahn ist Wahnsinn und der Free-Fall-Tower auch.
der Wahnsinn (nur Sg.)	疯狂	
der Free-Fall-Tower, die Free-Fall-Towers	自由落体塔	
der Alkohol, die Alkohole	酒	Wir trinken ja keinen Alkohol.
umso mehr	越多	Aber die Leute hier trinken umso mehr.
der/das Liter, die Liter	升	Und das ist teuer: über 10 Euro für einen Liter Bier!

das Bier (nur Sg.)	啤酒	
sonnig	晴朗的	Das Wetter ist super, es ist warm und sonnig.
der Deutschlandbesuch, die Deutschlandbesuche	访问德国	Bei unserem nächsten Deutschlandbesuch gehen wir zum Cannstatter Wasen in Stuttgart.
der Cannstatter Wasen (nur Sg.)	坎施塔特狂欢节	
Bis bald!	一会儿见！	
zurzeit	目前	Wo sind Sylvia und Aaron zurzeit?

Seite 15

2 Phonetik: *w* und *b*

| das Beste | 最好的 | Was ist das Beste? |
| braten, brät, gebraten | 煎；烤 | Wer will Bratwürste braten? |

3 Jeaneks Blog

das Schulfest, die Schulfeste	学校庆祝活动	Wie war das Schulfest?
präsentieren, präsentiert, präsentiert	展示	Was haben die Schüler präsentiert?
der Karneval, die Karnevals	狂欢节	Der Karneval in Köln ist das Beste.
Köln	科隆	
der Musiker, die Musiker	音乐家	Wie viele Musiker gibt es?
der Karnevalszug, die Karnevalszüge	狂欢节游行	Wann ist der Karnevalszug?
zu Ende sein	结束	Das Schulfest war erst um 12 nachts zu Ende.
nachts	夜间，在夜里	

die Band, die Bands	乐队	Die Schule hat eine tolle Band.
echt gut	真的好	Einige Lehrer tanzen echt gut.
der Höhepunkt, die Höhepunkte	高潮	Der Höhepunkt vom Karneval in Köln ist Rosenmontagszug.
der Rosenmontagszug, die Rosenmontagszüge	狂欢星期一游行	
der Karnevalswagen, die Karnevalswagen	狂欢节游行车	Über 12.000 Menschen und viele Karnevalswagen nehmen daran teil.
teilnehmen, nimmt teil, teilgenommen	参加	
das Karnevalslied, die Karnevalslieder	狂欢节歌曲	Ungefähr 4.000 Musiker spielen Karnevalslieder.
fröhlich	高兴的，愉快的	Die Leute sind sehr fröhlich.
verkleidet	打扮过的	Die meisten sind verkleidet.
der Zuschauer, die Zuschauer	观众	Von den Karnevalswagen wirft man Süßigkeiten zu den Zuschauern.
die Tonne, die Tonnen	吨	Es sind etwa 150 Tonnen. Davon 700.000 Tafeln Schokolade.
davon	其中	

Seite 16

4 Das stimmt — das stimmt nicht.

| Ostern | 复活节 | |
| das Osterei, die Ostereier | 复活节彩蛋 | Ich suche gerne Ostereier. |

der Osterhase, die Osterhasen	复活节兔子	
der Tannenbaum, die Tannenbäume	圣诞树；冷杉树	
das Leberkuchenhaus, die Leberkuchenhäuser	姜饼屋	
das Weihnachtsplätzchen, die Weihnachtsplätzchen	圣诞饼干	
der Bräutigam, die Bräutigame	未婚夫；新郎	
die Braut, die Bräute	未婚妻；新娘	
die Trauung, die Trauungen	结婚；婚礼	
groß	特别，非常	Die runden Geburtstage feiern viele groß.
der Schulanfang, die Schulanfänge	开学	Der Schulanfang ist bei uns das wichtigste Fest.

Seite 17

5 Sprechen üben: widersprechen

widersprechen, widerspricht, widersprochen	反驳，反对	Wie widersprechen sie: energisch oder vorsichtig?
energisch	有力的，果断的	
vorsichtig	谨慎的	
das Freizeitangebot, die Freizeitangebote	休闲活动；休闲安排	
Freizeitangebot am Ort	当地的休闲活动	
die Brieffreundin, die Brieffreundinnen	笔友（女）	Lies die E-Mail einer Brieffreundin von der deutschen Schule in Santa Cruz.
Santa Cruz (Bolivien)	圣克鲁斯（玻利维亚）	
die Schulferien (nur Pl.)	学校假期	Unsere Schulferien gehen bis Ende Januar.

das Karnevalswochenende, die Karnevalswochenenden	狂欢节周末	Dann ist bald das Karnevalswochenende.
Rio de Janeiro	里约热内卢（巴西）	Er ist fast so schön wie der Karnevalszug in Rio de Janeiro.
die Tradition, die Traditionen	传统	Denn es ist eine Tradition, dass man mit Wasser und zuletzt sogar mit Farbe wirft.
zuletzt	最后	

7 Was tun?

die Show, die Shows	秀，娱乐节目	Charleen findet Motoren-Shows super.
der Markt, die Märkte	市场；集市	Svenja liebt Märkte.
das Straßenfest, die Straßenfeste	街区庆典	Hilal fragt, wo es ein Straßenfest gibt.
die Politik	政治	Konstantin findet Politik interessant und diskutiert gern.
diskutieren, diskutiert, diskutiert	讨论	
die Open-Air-Disco, die Open-Air-Discos	露天迪厅	Ann-Kathrin möchte mal wieder in die Open-Air-Disco.
der Rhein	莱茵河	
der Main	美因河	
die Region, die Regionen	地区，地方	Feste in der Region Rhein-Main am Wochenende
Oppenheim	奥彭海姆（城市名）	

die Feier, die Feiern	庆祝；庆祝活动	Zur Feier des 100-jährigen Marktrechts findet in Oppenheim einer der schönsten mittelalterlichen Märkte statt.
das Marktrecht, die Marktrechte	开市权	
mittelalterlich	中世纪的	
das Kulturprogramm, die Kulturprogramme	文化节目（单）	Mit einem Kulturprogramm und Live-Musik bis spät in die Nacht.
die Live-Musik (nur Sg.)	现场音乐	
der Schausteller, die Schausteller	乘着流动车展示游艺节目的人、团体	Am Fluss warten über 70 Schausteller mit modernen Attraktionen (Riesenrad, Free-Air-Tower ...) auf die Gäste.
die Attraktion, die Attraktionen	精彩节目	
das Riesenrad, die Riesenräder	摩天轮	
spannend	扣人心弦的	Spannendes Programm mit Musik für Jung und Alt.
der Laufwettbewerb, die Laufwettbewerbe	赛跑	Ein Laufwettbewerb, Fahrradtouren und ein Feuerwerk ergänzen das Fest.
das Feuerwerk (meist Sg.)	烟火	
ergänzen, ergänzt, ergänzt	补充	
die Quelle, die Quellen	水源，源泉	
das Quellenfest, die Quellenfeste	泉水节	
verkaufsoffen	全天营业的	mit verkaufsoffenem Sonntag

das Rahmenprogramm, die Rahmenprogramme	活动主线	Großes Rahmenprogramm mit Krönung der Quellenkönigin
die Krönung, die Krönungen	加冕	
die Quellenkönigin, die Quellenköniginnen	泉水女王（由泉水节选出，职责是与泉水女王一起推广旅游形象）	
die Diskussion, die Diskussionen	讨论	
das Jugendkulturfestival, die Jugendkulturfestivals	青年文化节	Das Jugendkulturfestival bietet 5.000-7.000 jugendlichen Besuchern die Gelegenheit, intensiv aktuelle politische Themen zu diskutieren.
jugendlich	青年的	
der Besucher, die Besucher	访客	
die Gelegenheit, die Gelegenheiten	机会	
intensiv	深入的	
aktuell	当前的；现实的	
politisch	政治的	
traditionell	传统的	Traditioneller Markt (16. Jahrhundert) im alten Römerkastell.
das Jahrhundert, die Jahrhunderte	世纪，百年	
das Römerkastell, die Römerkastelle	罗马城堡	

der Wein, die Weine	葡萄酒	Bis zum späten Abend feiern Jung und Alt bei Bratwurst, Bier, Wein und guter Laune.
die Folklore, die Folkloren	民俗学；民俗文化	
das Folklorefest, die Folklorefeste	民俗节	
das Altstadtfest, die Altstadtfeste	老城节日（庆典）	Folklore- und Altstadtfest
das Open-Air-Konzert, die Open-Air-Konzerte	露天音乐会	Mit Open-Air-Konzert in der historischen Altstadt.
historisch	历史的	
die Altstadt, die Altstädte	老城，旧城	
der Eintritt, die Eintritte	入场	
Eintritt frei	入场免费	
international	国际的	internationales Motorradtreffen
das Motorradtreffen, die Motorradtreffen	摩托车集会	
Motorrad-Parade	摩托车大检阅	
Motorrad-Stunt-Show	摩托车特技秀	
die US-Car-Show, die US-Car-Shows	美国国际车展	
das Schlossfest, die Schlossfeste	城堡节	Ich finde das Schlossfest interessant.
die Bühne, die Bühnen	舞台	Musik auf vier Live-Bühnen + Disco-Area rund 20 Bands spielen Musik von Rock bis Rap.
rund	大约	
der Rap, die Raps	说唱（以快节奏念出歌词）	

8 Sich verabreden

die Motorradshow, die Motorradshows	摩托车秀	Er möchte zu einer Motorradshow.
das Mainfest	美因河节日	Wollen wir zum Mainfest gehen?
mitmachen, macht mit, mitgemacht	参加	Dann können wir ja um 11 bei der Fahrradtour mitmachen.
einverstanden	同意	Wollen wir ... gehen? — Einverstanden.
Basler Fasnacht	巴塞尔狂欢节	
Konstanzer Seenachtfest	康斯坦茨湖之夜	
Ski-Openings	滑雪场开放	

0 Austausch

1 Alles ist anders.

der Austausch (nur Sg.)	交流	Wo haben sie einen Austausch gemacht?
die Schuluniform, die Schuluniformen	校服	Bei uns tragen wir keine Schuluniformen, sondern normale Kleidung.
kein(e) ..., sondern	不是……而是……	
nicht ..., sondern ...	不是……而是……	Ich fahre nicht mit dem Fahrrad zur Schule, sondern mein Gastvater bringt mich mit dem Auto.

der Gastvater, die Gastväter	寄宿家庭里的父亲	
nicht nur ..., sondern auch ...	不仅……而且……	Der Austausch ist nicht nur schön, sondern auch sehr interessant.
der Verkehr (nur Sg.)	交通	Der Verkehr ist nicht geordnet, sondern total verrückt.
geordnet	有序的	
der Schulweg, die Schulwege	上学之路	Sie braucht für den Schulweg nicht zehn Minuten, sondern fast eine Stunde.
die Gastfamilie, die Gastfamilien	寄宿家庭	Joschas Gastfamilie war nicht klein, sondern groß.
Chile	智利（拉丁美洲）	Er war nicht nur in Chile, sondern auch in Peru.
Peru	秘鲁（拉丁美洲）	
Kapstadt	开普敦（南非）	Miriam bleibt nicht ein Jahr in Kapstadt, sondern sechs Monate.

2 Deutschland und euer Land

das Klima (nur Sg.)	气候	

Seite 23

3 Mach dir keine Sorgen!

die Beruhigung, die Beruhigungen	使平静	Ordnet dann Sorgen und Beruhigungen zu.
hoffentlich	但愿	Hoffentlich finde ich den Weg zur Schule.

Angst haben	害怕	Ich habe Angst, dass ich alles falsch mache.
der Austauschpartner, die Austauschpartner	交换生伙伴	Das kannst du bestimmt mit deinem Austauschpartner besprechen.
besprechen, bespricht, besprochen	讨论	
Mach dir keine Sorgen!	不要担心！	Mach dir keine Sorgen! Die helfen dir sicher.
sicher	肯定	
der Fehler, die Fehler	错误	Wenn du mal einen Fehler machst, das macht doch nichts.
Das macht doch nichts.	没关系。	

4 Linda möchte ins Ausland gehen.

das Bewerbungsformular, die Bewerbungsformulare	申请表	
der Schüleraustausch (nur Sg.)	学生交流	Warum will Linda einen Schüleraustausch?
ausfüllen, füllt aus, ausgefüllt	填写	Füllt das Formular ohne euren Namen aus.
das Geburtsdatum, die Geburtsdaten	出生日期	
die Erfahrung, die Erfahrungen	经验；经历	Das war eine tolle Erfahrung.
jedes zweite Wochenende	每隔两个周末	Ich bin jedes zweite Wochenende bei meinem Vater.
ideal	理想的	Beschreib deine ideale Gastfamilie.
die Gastschwester, die Gastschwestern	寄宿家庭里的姐妹	Am liebsten möchte ich eine Gastschwester.

auf dem Land	在农村	Ich möchte nicht so gerne auf dem Land leben, lieber in einer mittelgroßen Stadt.
mittelgroß	中等大小的	
das Gastland, die Gastländer	东道国	Wie kannst du im Gastland Freunde finden?
offen	坦率的	Ich möchte offen sein.
die Unterschrift, die Unterschriften	签名	

Seite 24

5 Linda in Shanghai — die Wohnung der Gastfamilie

| der Balkon, die Balkons | 阳台 |
| das Kuscheltier, die Kuscheltiere | 毛绒玩具 |

Seite 25

7 Auspacken

| stellen, stellt, gestellt | 竖放 | Den Wecker kann sie auf den Nachttisch stellen. |
| setzen, setzt, gesetzt | 摆，放 | Sie kann ihr Kuscheltier auf das Bett setzen. |

8 Hängen, liegen, legen, sitzen, setzen, stehen, stellen

Aktionen beschreiben	描述动作	
hängen, hängt, gehängt	挂	Wohin soll ich die Jacke hängen?
hängen, hängt, gehangen	挂着	Das Foto hängt an der Wand.

legen, legt, gelegt	放，平放	Wohin soll ich das Mäppchen legen?
liegen, liegt, gelegen	平放，横放	Das Handy liegt auf dem Tisch.

Seite 26

9 Elina kommt nach Hamburg.

die Gasteltern (nur Pl.)	寄宿家庭里的父母亲	Warum telefoniert Elina mit ihren Gasteltern?
klappen, klappt, geklappt	成功，顺利	Hat bei dir alles geklappt?
der Busbahnhof, die Busbahnhöfe	汽车站	
das Gleis, die Gleise	轨道	Familie Grundmann wartet auf Elina am Gleis.
die Fantasie, die Fantasien	想象力	Wörter mit Fantasie erklären
notfalls	必要时	Notfalls hilft auch das Wörterbuch auf dem Handy.

10 Aktivitäten in Hamburg

die Passage, die Passagen	（连接两条街有天棚且两旁设有商店的）走道，廊子	Gehen wir lieber in die Europa-Passage shoppen.
die Europa-Passage	欧洲走廊	
die Speicherstadt	仓库城（汉堡著名建筑）	

Austauschberichte

der Austauschschüler, die Austauschschüler	交换生	Pedro, Maria und Luis sind Austauschschüler aus Santa Cruz de la Sierra.
Santa Cruz de la Sierra	圣克鲁斯 – 德拉塞拉（西班牙）	
die Rückkehr (nur Sg.)	返回	Nach der Rückkehr aus Deutschland müssen sie einen Bericht schreiben.
später	以后	Aber später in der Pause war es besser.
das Dreiländereck (nur Sg.)	德国、比利时、荷兰三国交界处	Gestern sind wir zum Dreiländereck gefahren (Belgien, Deutschland und Holland).
Belgien	比利时	
Holland	荷兰	
wunderschön	极好的，极美的	Es war wunderschön.
der Fernsehturm, die Fernsehtürme	电视塔	Wir sind auf einen Fernsehturm gestiegen.
lebendig	活泼的，生气勃勃的	Alles ist nur grau, nicht lebendig.
die Dunkelheit (nur Sg.)	黑暗	Von November bis Februar leben die Deutschen bei Dunkelheit.
vermissen, vermisst, vermisst	想念	Ich vermisse die Sonne von Santa Cruz.
zurückfahren, fährt zurück, ist zurückgefahren	乘车返回	Ich möchte so gerne für eine Woche zurückfahren.

träumen, träumt, geträumt	做梦；梦想	Aber das kann ich nur träumen.
keine Ahnung haben	不知道	Ich hatte keine Ahnung, wo die Haltestelle war.
komisch	滑稽的，奇怪的	Alle haben mich komisch angesehen.
gleichzeitig	同时	Es war komisch, weil man gleichzeitig in drei Ländern war.
die Skihalle, die Skihallen	室内滑雪场	Wir waren dann Ski fahren in der Skihalle.
der Moment, die Momente	一会儿，片刻	Die besten Momente!
das Heimweh (nur Sg.)	思乡	
die Erfahrung, die Erfahrungen	经验；经历	Positive Erfahrungen und Probleme
der Klassenkamerad, die Klassenkameraden	同学	bei den ersten Kontakten mit Klassenkameraden

Kleine Pause

Sprechen und spielen: Wo sind die Sachen?

der Gegenstand, die Gegenstände	物品，东西	Wer findet zehn Gegenstände zuerst?
klassisch	古典的	Sie hört gerne klassische Musik.
Italienisch	意大利语	Sie kann drei Wörter auf Italienisch.

Mündliche Prüfung Teil 3: einen Termin vereinbaren/sich verabreden

sich versprechen, verspricht versprochen	说错	Da habe ich mich versprochen.

11 Berliner Luft

1 Hauptstadt Berlin

die Metropole, die Metropolen	首都，大都会	
das Stadtgebiet, die Stadtgebiete	城区	Über 30% vom Stadtgebiet sind Parks und Wälder.
der Wald, die Wälder	森林	
fließen, fließt, ist geflossen	流淌	Durch die Stadt fließen zwei Flüsse, die Spree und die Havel.
die Havel (nur Sg.)	哈韦尔河	
die Stadtrundfahrt, die Stadtrundfahrten	环城游览	Man kann Stadtrundfahrten mit dem Schiff machen.
das Strandcafé, die Strandcafés	河滨咖啡厅	Man kann in einem gemütlichen Strandcafé sitzen.
die Sehenswürdigkeit, die Sehenswürdigkeiten	名胜古迹	Die deutsche Hauptstadt hat viele Sehenswürdigkeiten, u.a. das Brandenburger Tor, den Zoo, den Fernsehturm, das Sony-Center, den Checkpoint Charlie, die Museuminsel und die Gedächtniskirche.

u. a. (unter anderem/n)	此外	
das Brandenburger Tor (nur Sg.)	勃兰登堡大门	
das Sony-Center	索尼中心	
der Checkpoint Charlie (nur Sg.)	查理检查站 （1961–1990 东西柏林间三个边境检查站之一）	
die Museuminsel (nur Sg.)	博物馆岛	
die Gedächtniskirche (nur Sg.)	纪念教堂	
der Sitz, die Sitze	所在地	Berlin ist seit 1999 wieder Sitz der deutschen Regierung.
die Regierung, die Regierungen	政府	
das Parlament, die Parlamente	议会；议院	Das Parlament arbeitet im Reichstagsgebäude.
das Reichstagsgebäude, die Reichstagsgebäude	国会大厦	
das Ministerium, die Ministerien	部委	Die meisten Ministerien sind im Regierungsviertel an der Spree.
das Regierungsviertel, die Regierungsviertel	政府办公区	
der Hauptbahnhof, die Hauptbahnhöfe	火车总站	Ganz in der Nähe ist der moderne Hauptbahnhof.
multikulturell	多文化的	Berlin ist eine multikulturelle Stadt.
der Frühsommer, die Frühsommer	初夏	Jedes Jahr im Frühsommer findet der Karneval der Kulturen statt.
die Kultur, die Kulturen	文化	
kulturell	文化的	Der erste kulturelle Höhepunkt im Jahr ist immer die Berlinale im Februar.

der Höhepunkt, die Höhepunkte	高潮	
die Berlinale	柏林电影节	
das Filmfestival, die Filmfestivals	电影节	Sie gehört zu den größten Filmfestivals weltweit.
weltweit	全世界的	
der Filmstar, die Filmstars	电影明星	Filmstars aus der ganzen Welt treffen sich hier.
die Filmindustrie, die Filmindustrien	电影业	Denn die *Bären* gehören zu den wichtigsten Preisen der Filmindustrie.
die Mode-Stadt, die Mode-Städte	时尚之都	Berlin ist auch eine Mode-Stadt.
entwerfen, entwirft, entworfen	设计	Viele junge Designerinnen und Designer entwerfen vor allem Mode für junge Leute.
vor allem	首先；主要是	
das Festival, die Festivals	大型文艺庆祝活动	Es gibt viele Festivals.
der Modedesigner, die Modedesigner	时尚设计师	In Berlin leben viele neue Modedesigner.

Seite 35

2 Museumsbesuch

der Museumsbesuch, die Museumsbesuche	参观博物馆	
unglaublich	难以置信的	Was findet sie unglaublich?
die Grenze, die Grenzen	边境	Es gibt eine Grenze durch Berlin.

geteilt	分裂的，被分割的	Ab Juni 1961 war Berlin geteilt.
getrennt	分开的	Alle Familien waren getrennt.
das Reststück, die Reststücke	残留物	Es gibt noch Reststücke von der Mauer.
die Mauer, die Mauern	墙；围墙	

3 Musikstadt Berlin

die Musikstadt, die Musikstädte	音乐之城	
die Musikhauptstadt, die Musikhauptstädte	音乐之都	Berlin ist die Musikhauptstadt von Europa.
die Oper, die Opern	歌剧	Hier gibt es unterschiedliche Musik von Oper zu Popfestivals.
das Popfestival, die Popfestivals	流行音乐节	
das Opernhaus, die Opernhäuser	歌剧院	Drei Opernhäuser und die Berliner Philharmonie sind die großen Bühnen.
die Philharmonie, die Philharmonien	交响乐团；音乐团体	
die Bühne, die Bühnen	舞台	
der Musiker, die Musiker	音乐家	Viele Musiker treten auch auf der Straße oder in Parks auf.
auftreten, tritt auf, ist aufgetreten	登台；出场	
die Clubszene, die Clubszenen	俱乐部现场	Auch die Clubszene ist sehr lebendig.
der DJ, die DJs	唱片骑师	Viele DJs sind in Berlin aktiv.

| die Sängerin, die Sängerinnen | 歌唱家（女） | Marlene Dietrich, eine weltberühmte Schauspielerin und Sängerin, ist in Berlin geboren. |
| weltberühmt | 世界著名的 | |

Seite 36

4 Unterwegs in der Stadt

| die Kreuzung, die Kreuzungen | 十字路口 | Gehen Sie an der Kreuzung rechts. |
| die Ampel, die Ampeln | 交通信号灯 | Geh an der Ampel links. |

5 Sprechen üben: Informationen wiederholen

| behalten, behält, behalten | 记住 | Wenn man die wichtigsten Informationen wiederholt, kann man sie besser behalten. |
| die Wegbeschreibung, die Wegbeschreibungen | 道路描述 | Macht Wegbeschreibungen mit dem Plan. |

Seite 37

6 Wegbeschreibung: U-Bahn, Bus …

das Schloss, die Schlösser	宫殿	Können Sie uns sagen, wie wir zum Schloss Charlottenburg kommen?
die U-Bahn, die U-Bahnen	地铁	Da müsst ihr die U-Bahn nehmen.
nehmen, nimmt, genommen	乘（车）	

da drüben	对面；那边	Da drüben ist eine Station.
die Station, die Stationen	地铁站	
die Richtung, die Richtungen	方向	Nehmt die U6 Richtung Alt-Mariendorf.
umsteigen, steigt um, ist umgestiegen	换车／乘	Dann steigt ihr in die U2 Richtung Ruhleben um.

das Olympiastadion, die Olympiastadien	奥林匹克体育场	Ihr wollt vom Hauptbahnhof zum Olympiastadion.
die Fahrkarte, die Fahrkarten	车票	Können Sie mir bitte sagen, wo ich eine Fahrkarte kaufen kann? – Da vorne gleich um die Ecke.
um die Ecke	拐过弯	
gleich um die Ecke	就在拐弯处	
fremd	外地的；陌生的	Tut mir leid, ich bin auch fremd hier.

Seite 38

die Lesestrategie, die Lesestrategien	阅读策略	Lesestrategie: einen Text überfliegen
überfliegen, überfliegt, überflogen	粗略阅读，浏览	
die Klassenfahrt, die Klassenfahrten	班级出游	Wir machen eine Klassenfahrt nach Berlin.
in den Bus steigen	上车	Wir sind in den Bus gestiegen.

der Begleiter, die Begleiter	陪同人员	29 Schülerinnen und Schüler und zwei Begleiter
verpassen, verpasst, verpasst	错过	Er hat die Straßenbahn verpasst.
die Busfahrt, die Busfahrten	坐公共汽车（乘车）出行	Nach sechs Stunden Busfahrt waren wir in unserem Hotel Alexanderplatz.
der Bundestag (nur Sg.)	联邦议院	Danach sind wir zum Bundestag gefahren.
der/die Abgeordnete, die Abgeordneten	议员	Dort hat unsere Abgeordnete eine Führung organisiert.
die Führung, die Führungen	导游（带领下的参观）；导览	
die Kuppel, die Kuppeln	圆屋顶	Aber das Reichstagsgebäude mit der riesigen Kuppel ist gigantisch.
das Denkmal, die Denkmäler	纪念碑	
das Holocaust-Denkmal	犹太人大屠杀纪念碑群	Danach sind wir zum Holocaust-Denkmal gelaufen.
das Kaufhaus, die Kaufhäuser	百货公司	Shoppen im Kaufhaus Alexa
die Besichtigung, die Besichtigungen	参观	Besichtigung der Weltzeituhr
die Weltzeituhr	世界时标准钟	
sich verlaufen, verläuft, verlaufen	迷路	Er hat sich verlaufen.
die Siegessäule, die Siegessäulen	凯旋柱	

das Improvisationstheater	即兴剧场	Im Improvisationstheater *Die Gorillas* haben die Schauspieler das Theaterstück nach Stichworten aus dem Publikum spontan entwickelt.
das Stichwort, die Stichworte	关键词；提示语	
spontan	自发的；突发的	
entwickeln, entwickelt, entwickelt	制作	
das Graffiti, die Graffitis	涂鸦	viele Graffitis, viele Obdachlose und eine ganz bunte Mischung von Menschen
der/die Obdachlose, die Obdachlosen	无家可归的人	
die Mischung, die Mischungen	混合	
sich aufteilen, teilt auf, aufgeteilt	分，分成	Wir haben uns in Gruppen aufgeteilt.
der Haupteingang, die Haupteingänge	大门入口处；总门	Treffpunkt danach war um 17 Uhr vor dem Haupteingang.
der Rückweg, die Rückwege	归程，返程	Auf dem Rückweg haben sie die falsche U-Bahn genommen.
der Mauerrest, die Mauerreste	柏林墙遗迹	Am letzten Tag haben wir die Mauerreste gesehen.
fehlen, fehlt, gefehlt	缺席	Wer hat gefehlt?

zusammenkommen, kommt zusammen, ist zusammengekommen	聚会，碰头	Hier sollen alle wieder zusammenkommen.
der Abfahrtstag, die Abfahrtstage	出发日	Am Abfahrtstag hat Tobi wieder gefehlt.

9 Im Kartenshop

der Kartenshop, die Kartenshops	售票处	
die Funkausstellung, die Funkausstellungen	无线电展览会	Internationale Funkausstellung
die Öffnungszeit, die Öffnungszeiten	开放时间，营业时间	Öffnungszeit: 10–18 Uhr
die Ermäßigung, die Ermäßigungen	折扣，优惠	Gibt es eine Ermäßigung für Schüler?
nehmen, nimmt, genommen	买；拿	Dann nehmen wir die drei für 80 Euro.

12 Welt und Umwelt

die Konsequenz, die Konsequenzen	后果，结果	Über Konsequenzen sprechen
der Umweltschutz (nur Sg.)	环境保护	Tipps zum Umweltschutz formulieren
die Umwelt (nur Sg.)	环境	
die Umweltfrage, die Umweltfragen	环境问题	Über Umweltfragen diskutieren
der Pinguin, die Pinguine	企鹅	Pinguine in der Antarktis
die Antarktis (nur Sg.)	南极周围地区	

der Urwald, die Urwälder	原始森林	
die Oase, die Oasen	（沙漠中的）绿洲	eine Oase in der Wüste
die Wüste, die Wüsten	沙漠	
die Großstadt, die Großstädte	大城市	
der Berg, die Berge	山	ein Dorf in den Bergen
gefährlich	危险的	
feucht	潮湿的	
der Amazonas	亚马逊河	
der Vordergrund (nur Sg.)	前面部分；（图画的）前景	im Vordergrund
der Hintergrund (nur Sg.)	背景	im Hintergrund

Seite 42

1 Wo und wie möchtet ihr später mal leben?

der Vorteil, die Vorteile	好处	
der Nachteil, die Nachteile	坏处	
die Natur, die Naturen	自然	Ich mag sehr die Natur in den Bergen.
wandern, wandert, ist gewandert	徒步行走	Ich wandere gerne.
der Ernst (nur Sg.)	真诚的想法；认真	Wüste? Ist das dein Ernst?

Seite 43

2 Das Wetter und die Jahreszeiten

die Wolke, die Wolken	云	Es gibt viele Wolken.
bewölkt	多云的	Das Wetter ist nicht gut. Es ist bewölkt.
die Hitze (nur Sg.)	炎热	
trocken	干燥的	
regnerisch	下雨的	

der Wind, die Winde	风	
windig	有风的	
stürmisch	有暴风的	
die Kälte (nur Sg.)	寒冷	
das Mistwetter (nur Sg.)	恶劣的天气	So ein Mistwetter!
die Affenhitze (nur Sg.)	酷热	Eine Affenhitze heute!
furchtbar	极其糟糕的	Was für ein furchtbares Wetter!
herrlich	极好的	Herrliches Wetter heute!
saukalt	极冷的	Es ist saukalt.
die Temperatur, die Temperaturen	温度	Wetter und Temperaturen am Freitag
Moskau	莫斯科（俄罗斯）	
Athen	雅典（希腊）	
Kairo	开罗（埃及）	
Sydney	悉尼（澳大利亚）	
die Wetterkarte, die Wetterkarten	天气图	Schau auf die Wetterkarte.

3 Wie ist das Wetter?

| der Wetterbericht, die Wetterberichte | 天气预报 | Zu welchen Abbildungen passen die Wetterberichte? |

Seite 44

4 Wetterchaos

das Wetterchaos (nur Sg.)	极端天气现象	
die Zeitungsüberschrift, die Zeitungsüberschriften	报刊标题	Zu welchen Zeitungsüberschriften passen die Fotos?
der Orkan, die Orkane	风暴	Orkan Freddy rast mit 200 km/h über Europa.

rasen, rast, ist gerast	飞驰	
km/h (Kilometer pro Stunde)	每小时公里	
ca. (circa)	大约	Ab ca. 2080 kein Schnee mehr in Europa?
der Feuersturm, die Feuerstürme	大火，火龙卷	Feuersturm in Kalifornien!
Kalifornien	加利福尼亚州（美国）	
der/das Hektar, die Hektar	公顷	2400 Hektar Wald weg!
das Chaos (nur Sg.)	混乱	Regenchaos und Überschwemmungen! Alles unter Wasser!
der Eisbär, die Eisbären	北极熊	Ohne Eis keine Eisbären!
die Arktis (nur Sg.)	北极地区	Arktis bald eisfrei!
eisfrei	没有结冰的	
die Radiosendung, die Radiosendungen	广播节目	Hör Teil 1 von der Radiosendung.
die Alpenregion, die Alpenregionen	高山地区	Für die Alpenregion ist das sehr gut.
der Klimawandel (nur Sg.)	气候变化	Etwas gegen den Klimawandel tun?
umweltfreundlich	对环境无害的；环保的	Wir müssen schneller umweltfreundliche Energie verwenden.
die Energie, die Energien	能量；能源	
verwenden, verwendet, verwendet	使用	
das Gerät, die Geräte	器具	Wir müssen weniger elektrische Geräte benutzen.
der Chef, die Chefs	老板	

6 Der 10-Minuten-Chat

außer	除了	Habt ihr Ideen außer Mülltrennung?
die Mülltrennung (nur Sg.)	垃圾分类	
angeben, gibt an, angegeben	告知	Ihr müsst eure Namen angeben.
sowieso	反正，本来就	Wir können die Welt sowieso nicht retten.
retten, rettet, gerettet	拯救，抢救	
Spaß machen	带来快乐	Macht echt Spaß.
die Energiesparlampe, die Energiesparlampen	节能灯	Energiesparlampen kosten mehr als normale Lampen.
die Lampe, die Lampen	灯	
verbrauchen, verbraucht, verbraucht	消耗	Sie verbrauchen 80% weniger Energie.
das Ersparnis, die Ersparnisse	节省，节约	Ersparnis: 70 % weniger Wasser und Strom oder Gas.
der Strom (nur Sg.)	电流	
das Gas, die Gase	煤气；气体	
das Elektrogerät, die Elektrogeräte	电器	
Elektrogeräte ausschalten	关上电器	
das Stand-by, die Stand-bys	待机状态	Die Stand-by-Funktion ist ein Stromfresser.
die Stand-by-Funktion, die Stand-by-Funktionen	待机功能	
der Stromfresser, die Stromfresser	电老虎	
das Lämpchen, die Lämpchen	小灯	Wie viel Strom kann ein kleines, rotes Lämpchen denn verbrauchen?

die Spielkonsole, die Spielkonsolen	游戏手柄	Du hast eine Spielkonsole, Ladegeräte usw.
das Ladegerät, die Ladegeräte	充电器	
das Zähneputzen (nur Sg.)	刷牙	In einer Minute laufen fünf Liter weg: drei Minuten Zähneputzen = 15 Liter.
die Redaktion, die Redaktionen	编辑；编辑部	Von der Redaktion gelöscht – sachlich bleiben!
löschen, löscht, gelöscht	抹掉，消除	
sachlich	客观的；朴实的	
das Mitglied, die Mitglieder	成员	
der Bund, die Bünde	联盟，社团	Ich bin Mitglied beim BUND. (Bund für Umwelt- und Naturschutz Deutschland)
der Naturschutz (nur Sg.)	自然保护	
die Aktion, die Aktionen	行动；措施	Wir machen viele Aktionen zum Thema Umweltschutz und Energiesparen in unserer Region.
das Energiesparen (nur Sg.)	节能	
die Stofftasche, die Stofftaschen	布袋	Stofftaschen statt Plastiktüten!
die Plastiktüte, die Plastiktüten	塑料袋	
der Vorschlag, die Vorschläge	建议	Hat Phil keinen Vorschlag zum Umweltschutz?
die Organisation, die Organisationen	组织	Welche Organisationen haben den Umweltschutz als Thema?

7 Sprechen üben: lange Wörter

das Recycling (nur Sg.)	回收利用	
das Recyclingpapier, die Recyclingpapiere	再生纸	

9 Konsequenzen?

schmelzen, schmilzt, ist geschmolzen	融化	Was passiert, wenn das Eis schmilzt?
das Erdöl (nur Sg.)	石油	
die Krankheit, die Krankheiten	疾病	
die Trockenheit, die Trockenheiten	干燥	
die Luftverschmutzung (nur Sg.)	空气污染	
die Heizung, die Heizungen	暖气	Wir müssen viel Geld für Heizung bezahlen.
verschmutzen, verschmutzt, verschmutzt	污染	Plastiktüten verschmutzen die Umwelt.
gesund	健康的	Fahrradfahren ist gesund.

10 Alle wollen etwas, aber keiner tut etwas.

der Leser, die Leser	读者	Unsere Leser und Leserinnen diskutieren
die Leserin, die Leserinnen	读者（女）	
der Artikel, die Artikel	文章	Danke für eure Artikel zum Umweltschutz in der letzten Ausgabe.
die Ausgabe, die Ausgaben	版本，版次	

der Umweltschützer, die Umweltschützer	环境保护者	Sind wir wirklich alle tolle Umweltschützer?
der Eindruck, die Eindrücke	印象	Mein Eindruck ist: Beim Reden schon, aber die Praxis ist anders.
die Praxis (nur Sg.)	实践，实际	
der Mülleimer, die Mülleimer	垃圾桶	Die Mülleimer sind voll mit Verpackungsmüll.
der Verpackungsmüll (nur Sg.)	包装垃圾	
der Pessimist, die Pessimisten	悲观者	Und dann die Pessimisten: Man kann ja sowieso nichts machen.
negativ	否定的；不利的	Wenn man immer alles negativ sieht, erreicht man nie etwas.
erreichen, erreicht, erreicht	达到；实现	
die Meinung, die Meinungen	想法，意见	Ich bin nicht deiner Meinung.
recht haben	说得对	Du hast schon recht, aber ...

Projekt

das Umweltprojekt, die Umweltprojekte	环保项目	Viele Schulen in Deutschland machen Umweltprojekte.
ökologisch	生态的	Sie machen z.B. einen ökologischen Schulgarten.
der Schulgarten, die Schulgärten	学校花园	
bauen, baut, gebaut	建造，建筑	Sie bauen Solaranlagen.
die Solaranlage, die Solaranlagen	太阳能设备	

das Regenwasser (nur Sg.)	雨水	Sie verwenden Regenwasser für Toiletten.
die Toilette, die Toiletten	厕所	
die Fahrradwerkstatt, die Fahrradwerkstätten	自行车工厂	Manche bauen eine Fahrradwerkstatt auf.
aufbauen, baut auf, aufgebaut	建立；建造	
gründen, gründet, gegründet	建立	Manche gründen eine Initiative für die Verwendung von umweltfreundlichem Papier in der Schule.
die Initiative, die Initiativen	创意小组；倡议团体	
die Verwendung, die Verwendungen	使用，应用	
die Lösung, die Lösungen	解决	Andere entwickeln Lösungen für das Müllproblem in der Schule.
das Müllproblem, die Müllprobleme	垃圾问题	
das Bundesland, die Bundesländer	联邦州	Viele Bundesländer unterstützen diese Projekte.
unterstützen, unterstützt, unterstützt	支持	
der Wettbewerb, die Wettbewerbe	竞赛	Viele Städte machen Wettbewerbe.

13 Reisen am Rhein

1 Der Rhein

der Bodensee (nur Sg.)	博登湖	Bald nach dem Bodensee gibt es einen großen Wasserfall.
der Wasserfall, die Wasserfälle	瀑布	
Basel	巴塞尔（瑞士）	Ab Basel fließt der Rhein nach Norden zur Nordsee.
die Nordsee (nur Sg.)	北海	
die Wirtschaft, die Wirtschaften	经济	Er ist ein sehr wichtiger Fluss für Europas Wirtschaft.
die drittgrößte Stadt	第三大城市	Das ist die drittgrößte Schweizer Stadt (nach Zürich und Genf).
Zürich	苏黎世（瑞士）	
Genf	日内瓦（瑞士）	
die Industriestadt, die Industriestädte	工业城市	Es ist eine große Industriestadt.
die Maschine, die Maschinen	机器	Dort kann man verrückte Maschinen-Kunstwerke sehen.
das Kunstwerk, die Kunstwerke	艺术品	
die Fasnacht (nur Sg.)	狂欢节	Berühmt ist auch Fasnacht (so heißt hier der Karneval/Fasching).
der Fasching (nur Sg.)	狂欢节	

die Ökostadt, die Ökostädte	生态城市	In Deutschlands Ökostadt Nr. 1 gibt es viele Solaranlagen auf den Dächern und 500 km Fahrradwege.
das Dach, die Dächer		
der Fahrradweg, die Fahrradwege	自行车车道	
die Fußgängerzone, die Fußgängerzonen	步行区	Die Fußgängerzone um das Münster war eine der ersten in Deutschland.
der Vergnügungspark, die Vergnügungsparks	公共游乐园	Nicht weit von hier ist ein großer Vergnügungspark, der Europapark in Rust.
der Europapark, die Europaparks	欧洲乐园	
Rust	卢斯特（欧洲公园的所在地）	
die Industrie, die Industrien	工业	Diese Stadt hat viel Industrie und einen wichtigen Flusshafen.
der Flusshafen, die Flusshäfen	河港	
die Popakademie, die Popakademien	流行音乐学院	Berühmt ist auch die Popakademie, eine Schule für Musiker und Musikproduzenten.
der Musikproduzent, die Musikproduzenten	音乐制作人	
das Tausend, die Tausend/Tausende	上千的（人或物）	Jedes Jahr kommen viele Tausend Touristen an den Rhein zwischen Koblenz und Bingen.

der Tourist, die Touristen	旅游者	
die Burg, die Burgen	城堡	Sie besichtigen die alten Burgen.
die Loreley	罗累莱	Dann hören sie die Geschichte von Loreley.
der Felsen, die Felsen	岩石；山崖	Die schöne Frau auf dem Felsen hat durch ihr Singen die Schiffer so verrückt gemacht.
der Schiffer, die Schiffer	船夫	
gegen die Felsen fahren	撞到岩石	Die Schiffer sind mit ihren Schiffen gegen die Felsen gefahren.
der Römer, die Römer	罗马人	Die Römer haben diese Stadt gegründet.
die Karnevalsmetropole, die Karnevalsmetropolen	嘉年华大都会	Sie ist eine von den Karnevalsmetropolen am Rhein.
das Wahrzeichen, die Wahrzeichen	标志，象征	Ihr Wahrzeichen ist eine große Kirche, der Dom.
der Dom, die Dome	大教堂	
der Bau, die Bauten	建造	1248 hat man den Bau begonnen.
die Medienstadt, die Medienstädte	媒体城市	Heute ist die Stadt auch eine Medienstadt.
der Fernsehsender, die Fernsehsender	电视台	Viele Fernsehsender haben hier Studios.
das Studio, die Studios	演播室，录制室	

Seite 51

die Fabrik, die Fabriken	工厂	Diese Stadt hat viele Fabriken.

in Ruhe	从容地	Die Leute können in Ruhe spazieren gehen.
halten, hält, gehalten	停，停住	Hier halten die Schiffe.
der Stein, die Steine	石头	Ein sehr, sehr großer Stein.

2 Präpositionen

Liechtenstein	列支敦士登	Der Rhein fließt durch sechs Länder: die Schweiz, Liechtenstein …
auf der linken Seite	在左边	Köln liegt auf der linken Seite vom Rhein.
die Niederlande	荷兰	Der Rhein fließt in den Niederlanden in die Nordsee.

Projekte

die Elbe	易北河	Die Elbe in Sachsen
die Donau	多瑙河	Schloss an der Donau
die Mosel	摩泽尔河	Die Mosel bei Cochem
Cochem	科赫姆	
die Geografie (nur Sg.)	地理学	Macht eine Präsentation: Geografie, Geschichte, Wirtschaft, Tourismus …
der Tourismus (nur Sg.)	旅游业	

Seite 52

3 Reisepläne

der Reiseplan, die Reisepläne	旅游计划	

der Bodenseerundweg, die Bodenseerundwege	博登湖畔的环湖路	
verreisen, verreist, ist verreist	外出旅游	Elias verreist mit den Eltern.
das Zwei-Tage-Ticket, die Zwei-Tage-Tickets	两日票	
sich informieren, informiert, informiert	了解	Tim und Elias haben sich schon genau informiert.
unbedingt	一定	Elias möchte unbedingt in den Europapark.
dagegen	反对	Ich bin dagegen, dauernd Museen, das ist doch furchtbar langweilig.
dauernd	持续的	
reichen, reicht, gereicht	够，足够	Das reicht!
der Freizeitpark, die Freizeitparks	休闲公园	Ich finde Freizeitparks nicht so toll.

Seite 53

4 **Wiederholung: Adjektive vor dem Nomen**

die Fahrt, die Fahrten	行驶；出游	Ich möchte mit meiner neuen Freundin eine ruhige Fahrt auf der schönen Elbe machen.
der Schwarzwald (nur Sg.)	黑森林	Ich möchte einen Urlaub im Schwarzwald machen.
der Popstar, die Popstars	流行歌手，歌星	Der Popstar trägt eine Halskette und in der Nase einen Ring.
die Halskette, Halsketten	颈链	
der Ring, die Ringe	环，圈；戒指	

| dorthin | 到那儿（去） | Deshalb möchte ich unbedingt einmal dorthin fahren. |

| die Quelle, die Quellen | 水源；来源 | |

| dafür | 同意 | Einverstanden, ich bin auch dafür. |

Seite 54

der Fahrkartenschalter, die Fahrkartenschalter	售票窗口	
die BahnCard, die BahnCards	火车票价优惠卡	
der ICE (Intercity-Express)	城际快速列车	
IC (Intercity)	城际列车	
das Bordrestaurant, die Bordrestaurants	列车餐厅	
RE (Regionalexpress)	区域特快列车	
reservieren, reserviert, reserviert	预订	Sie reserviert einen Platz am Fenster.
das Fenster, die Fenster	窗	
die Detailansicht, die Detailansichten	详细视图	
die Bemerkung, die Bemerkungen	注释	
Hbf (Hauptbahnhof)	火车总站	
die Fahrradmitnahme, die Fahrradmitnahmen	携带自行车	

reservierungspflichtig	有预定义务的；需要预定的	
begrenzt	受限制的	
hin und zurück	来回，往返	Ich hätte gern eine Fahrkarte von Freiburg nach Koblenz. – Hin und zurück? – Nein, einfach.
einfach	单程的	
die Uhrzeit, die Uhrzeiten	时间，钟点	
der Zugtyp, die Zugtypen	火车类型	
die Möglichkeit, die Möglichkeiten	可能性	Gibt es noch eine Möglichkeit?
die Reservierung, die Reservierungen	预订	Teil 3: Reservierung
1. oder 2. Klasse	一等或二等舱	Möchten Sie reservieren? – Ja, bitte. – 1. oder 2. Klasse? – 2. Klasse.
der Gang, die Gänge	过道	Fenster oder Gang? Am Fenster oder am Gang?

Seite 55

9 Rollenspiel: Dialoge am Bahnhof

die Strecke, die Strecken	路段，距离	
die Verbindung, die Verbindungen	连接	
die Abfahrt (nur Sg.)	出发，启程	
die Ankunft (nur Sg.)	到达	
der Fahrkartenkauf (nur Sg.)	购票	
die Dauer (nur Sg.)	有效期；持续时间	
die Situation, die Situationen	情况，处境	Wenn man reist, gibt es viele Situationen immer wieder.

die Jugendherberge, die	青年旅社	bei einer
Jugendherbergen		Jugendherberge anrufen
bestellen, bestellt, bestellt	预订	etwas zum Essen bestellen

Seite 57

14 Ein Abschied

der Abschied, die Abschiede	告别	
die Kiste, die Kisten	箱子，盒子	Kisten packen
der Umzug, die Umzüge	搬家	
umziehen, zieht um, ist umgezogen	迁居，搬家	Alle finden, dass es blöd ist, wenn man ins Ausland umzieht.
das Abschiedsgeschenk, die Abschiedsgeschenke	送别礼物	
gar	一点也，绝对	Das gibt es doch gar nicht.

Seite 58

1 Was ist los, Georg?

die Arbeitsstelle, die Arbeitsstellen	工作职位	Sein Vater hat eine Arbeitsstelle im Ausland.
die Abschiedsreise, die Abschiedsreisen	离别旅游	Die Klasse will noch eine Abschiedsreise mit Georg machen.
die Universität, die Universitäten	大学	Meine Mutter hat eine tolle Stelle an der Universität.
das Fußballteam, die Fußballteams	足球队	Wenn ich weggehe, gehöre ich nicht zum Team.

ziehen, zieht, ist gezogen	迁居，搬家	Vielleicht kann ich zu euch ziehen?
halten, hält, gehalten	对……评价	Georg hält nichts von einem Auslandsaufenthalt.
der Auslandsaufenthalt, die Auslandsaufenthalte	国外居留	

Seite 59

3 Ins Ausland gehen

der Grund, die Gründe	原因	
der Lohn, die Löhne	工资	
der Auswanderer, die Auswanderer	移居国外的人，移民	Auswanderer und Zuwanderer
der Zuwanderer, die Zuwanderer	移民	
wegziehen, zieht weg, ist weggezogen	搬走，迁走	Im Jahr 2013 sind fast 800.000 Menschen von Deutschland weggezogen.
die Berufsaussicht, die Berufsaussichten	职业前景	Die Gründe sind meistens bessere Berufsaussichten, höhere Löhne, gute Kinderbetreuung oder Rückkehr in die Heimat.
die Kinderbetreuung (nur Sg.)	儿童照护	
die Rückkehr (nur Sg.)	返回	
die Heimat (nur Sg.)	家乡，祖国	
allerdings	当然；不过	Allerdings sind 2012 auch über eine Million Menschen nach Deutschland gekommen.

die Migrationsgeschichte, die Migrationsgeschichten	移民史	Über 15% von den 81 Mio. Einwohnern Deutschlands sind Menschen mit Migrationsgeschichte.
auswandern, wandert aus, ist ausgewandert	移居国外	
einwandern, wandert ein, ist eingewandert	迁入（别国）	

Seite 60

4 Abschiedsgeschenke für Georg

die Geschenkidee, die Geschenkideen	送礼物的灵感	Sie brauchen noch mehr Geschenkideen.
leihen, leiht, geliehen	出借，借给	Mein Bruder leiht mir morgen sein Moped.
die Puppe, die Puppen	布娃娃，玩具娃娃	Wir schenken unserer kleinen Schwester eine Puppe.

Seite 61

5 Vielen Dank für die Party

der Zweck, die Zwecke	目的，意图	

Seite 62

6 Der will ja nicht mit uns reden.

beachten, beachtet, beachtet	注意，重视	Aber Siri beachtet ihn nicht.

aneinandergeraten,
    gerät aneinander,
    ist aneinandergeraten
	争吵起来	In einer Pause gerät
		Rico mit Alex
		aneinander.

der Pausenhof, die Pausenhöfe	校园	Georg steht gerade neben Siri auf dem Pausenhof.
gespannt	急于想知道的	Bin gespannt, wer das gewinnt.
egal	无所谓的	Mir egal.
die Streiterei, die Streitereien	无休止的争吵	Ich finde diese Streitereien von den Zwerg-Machos sowieso blöd.
der Zwerg-Machos, die Zwerg-Machos	小男子气概	
rausrutschen, rutscht raus, ist rausgerutscht	不小心透露	„Ich denke, du magst Rico? ", rutscht es Georg raus.
darauf kommen	想起／到	„Wie kommst du darauf?" gibt Siri zurück.
zurückgeben, gibt zurück, zurückgegeben	回答，回复	
dazwischengehen, geht dazwischen, ist dazwischengegangen	调停，从中斡旋	Frau Hackstein geht dazwischen.
vor Wut schäumen	勃然大怒	Rico und Alex schäumen vor Wut.
bemerken, bemerkt, bemerkt	发觉，注意到	Rico schaut zu Siri und bemerkt Georg.

Seite 63

sich wundern, wundert, gewundert	惊讶	Georg wundert sich.
runterholen, holt runter, runtergeholt	取下来	Alle lachen, als er ihn runterholt.
der Tafelstift, die Tafelstifte	黑板笔	Herr Behrendt sucht die Tafelstifte.

grinsen, grinst, gegrinst	幸灾乐祸地讥笑	Rico grinst.
ratlos	不知所措的	Georg ist ratlos.
sich trauen, traut, getraut	敢于	Er traut sich nicht mehr, mit ihr zu sprechen.
mit jmdm. nichts mehr zu tun haben	不再与某人有任何往来	Auch mit anderen will er nichts mehr zu tun haben.
Gott sei Dank	谢天谢地	Gott sei Dank hat er noch seine Gitarre.
der Gitarrist, die Gitarristen	吉他演奏者	Wir brauchen noch einen Gitarristen für unsere Band.
der Quatsch (nur Sg.)	胡说	Das ist so ein Quatsch!

Projekt

| das Verbot, die Verbote | 禁令，禁止 | |
| die Pflicht, die Pflichten | 义务，责任 | |

Seite 65

Große Pause

Seite 67

Literatur

das Rheintal	莱茵河谷	Das mittlere Rheintal ist eng und gefährlich.
die Sage, die Sagen	传说	Dort hören sie die Sage von der Loreley.
der Sage nach	根据传说	Der Sage nach hat ein blondes, langhaariges Mädchen mit dem Namen Loreley auf dem Felsen gesessen, ihr goldenes Haar gekämmt.

kämmen, kämmt, gekämmt	梳头	
sinken, sank, ist gesunken	下沉	Viele Schiffe fuhren auf die Felsen im Fluss und sanken.
das Leben (nur Sg.)	性命	Viele Schiffer verloren ihr Leben.
die Jungfrau, die Jungfrauen	少女	Die schönste Jungfrau sitzt dort oben.
der Kamm, die Kämme	梳子	Sie kämmt es mit dem goldenen Kamm.
die Welle, die Wellen	波浪	Die Wellen verschlingen am Ende Schiffer.
verschlingen, verschlingt, verschlungen	吞下，吞没